L'écriture Cursive

Cahier d'apprentissage et d'entrainement à l'écriture cursive. Apprenez à tracer de jolies lettres grâce à ce carnet d'exercices.

Débutez en repassant sur la lettre existante puis continuez la ligne par vous même. Procédez ainsi pour chaque ligne afin de visualiser vos progrès d'une ligne à l'autre. Chaque ligne est sur 2 pages pour un maximum d'entrainement.

Ce livre est adapté aussi bien aux débutants qu'aux personnes ayant déjà quelques notions.
Un conseil : Amusez vous!

Les minuscules

a b c d e f g h i j k l m

n o p q r s t u v w x y z

Les majuscules

A B C D E F G H I J K L M

N O P Q R S T U V W X Y Z

a a a a a

a a a a a

a a a a a

a a a a a

A A A A

A A A A

A A A A

A A A A

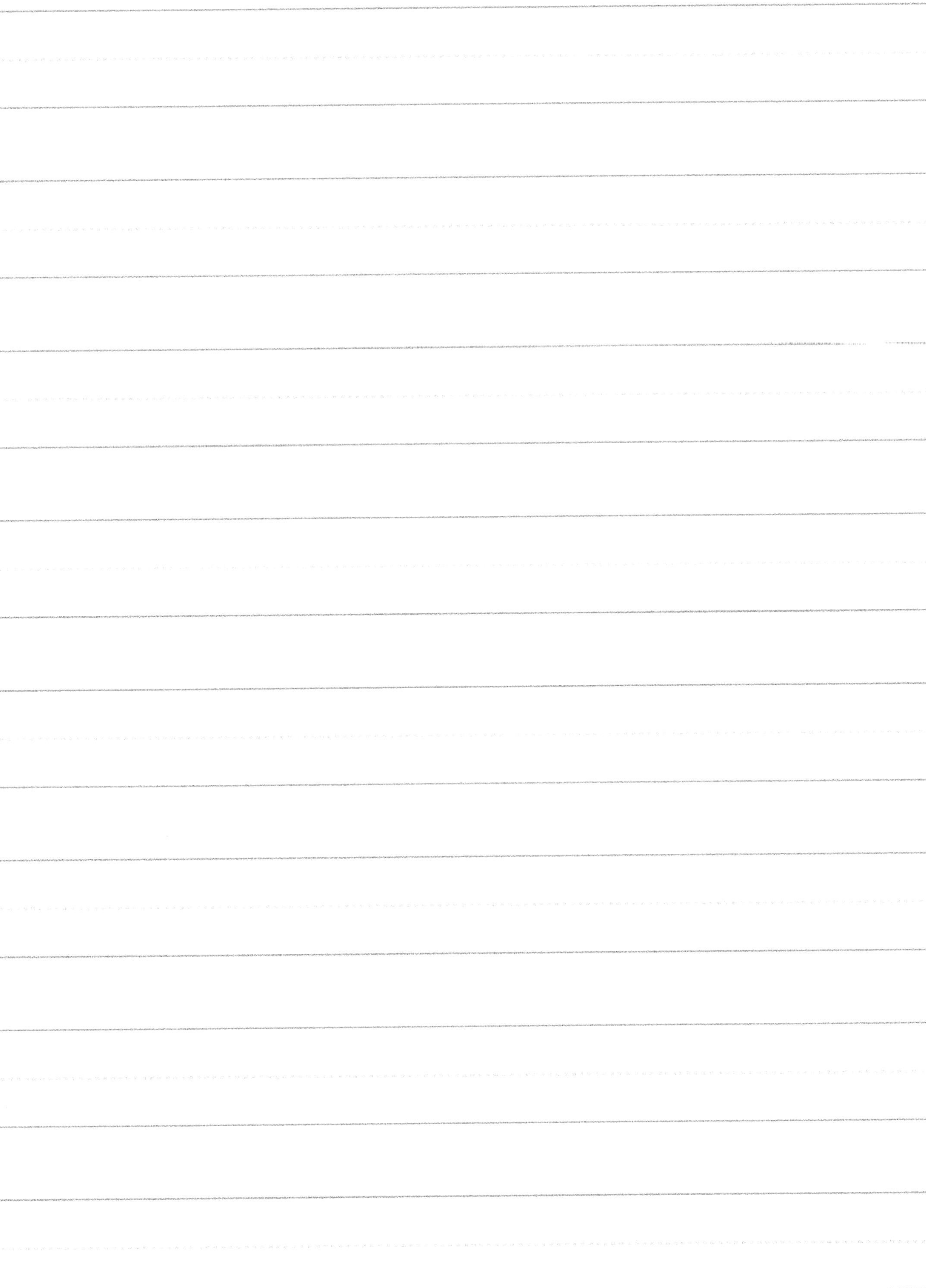

b b b b b

b b b b b

b b b b b

b b b b b

B B B B

B B B B

B B B B

B B B B

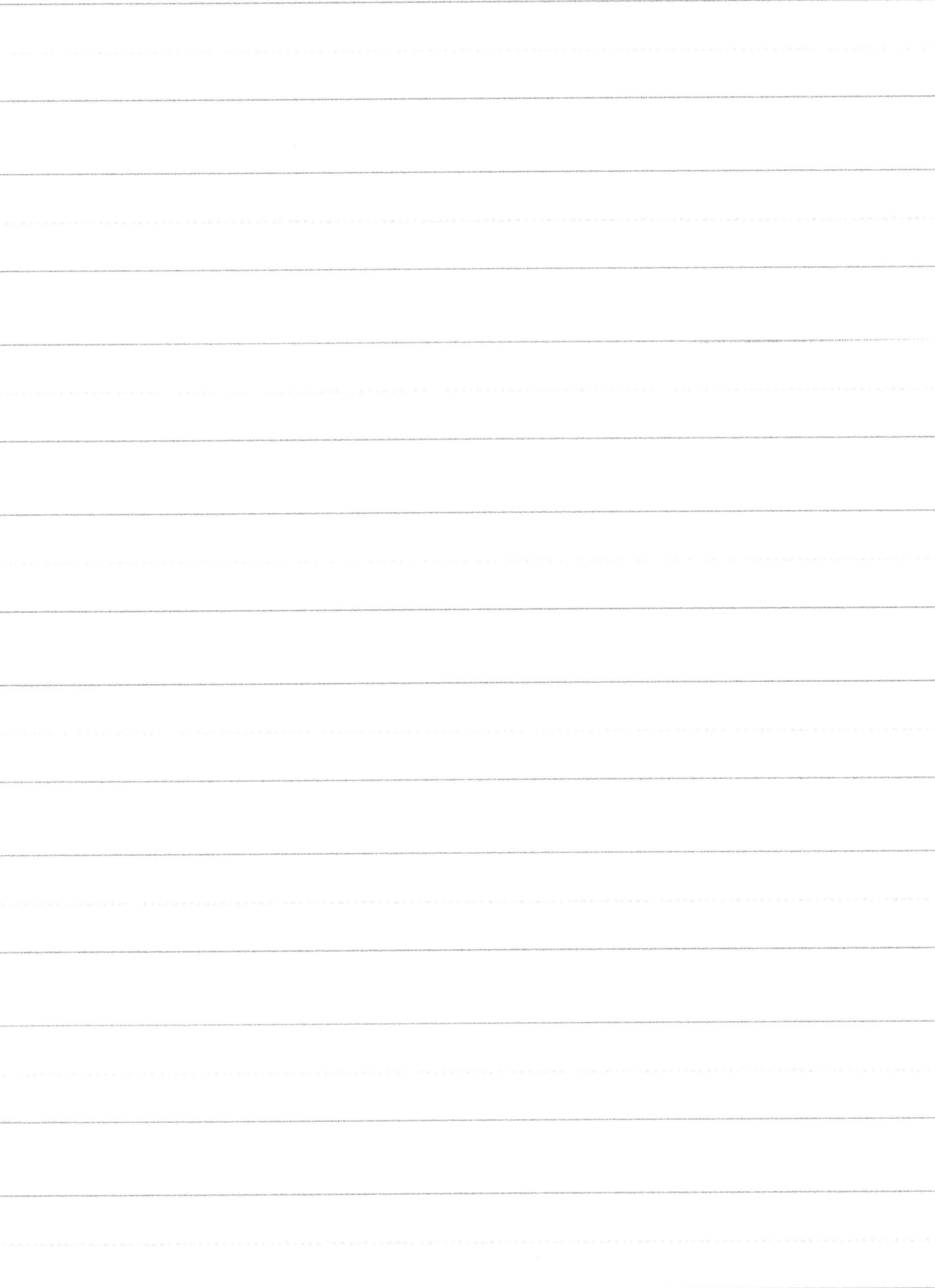

c c c c c

c c c c c

c c c c c

c c c c c

C C C C

C C C C

C C C C

C C C C

d d d d d

d d d d d

d d d d d

d d d d d

D D D D

D D D D

D D D D

D D D D

e e e e e

e e e e e

e e e e e

e e e e e

E E E E

E E E E

E E E E

E E E E

f f f f f

f f f f f

f f f f f

f f f f f

F F F F

F F F F

F F F F

F F F F

g g g g g

g g g g g

g g g g g

g g g g g

G G G G

G G G G

G G G G

G G G G

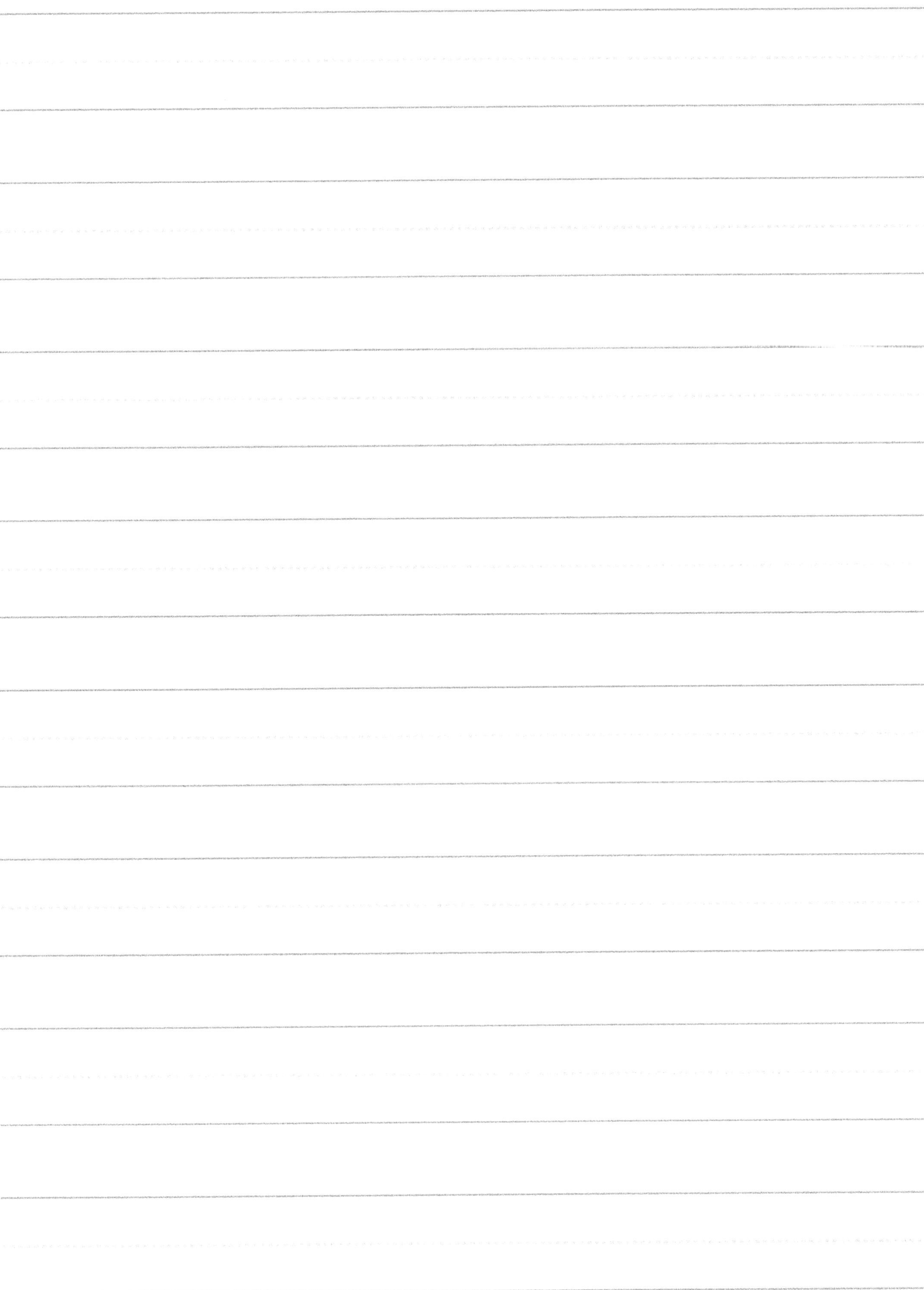

h h h h h

h h h h h

h h h h h

h h h h h

H H H H

H H H H

H H H H

H H H H

i i i i i

i i i i i

i i i i i

i i i i i

I I I I

I I I I

I I I I

I I I I

j j j j j

j j j j j

j j j j j

j j j j j

J J J J

J J J J

J J J J

J J J J

k k k k k

k k k k k

k k k k k

k k k k k

K K K K

K K K K

K K K K

K K K K

lllll

lllll

lllll

lllll

LLLL

LLLL

LLLL

LLLL

m m m m m

m m m m m

m m m m m

m m m m m

M M M M

M M M M

M M M M

M M M M

n n n n n

n n n n n

n n n n n

n n n n n

N N N N

N N N N

N N N N

N N N N

o o o o o

o o o o o

o o o o o

o o o o o

O O O O

O O O O

O O O O

O O O O

p p p p p p

p p p p p p

p p p p p p

p p p p p p

P P P P

P P P P

P P P P

P P P P

q q q q q

q q q q q

q q q q q

q q q q q

Q Q Q Q

Q Q Q Q

Q Q Q Q

Q Q Q Q

r r r r r

r r r r r

r r r r r

r r r r r

R R R R

R R R R

R R R R

R R R R

s s s s s

s s s s s

s s s s s

s s s s s

S S S S

S S S S

S S S S

S S S S

ttttt

ttttt

ttttt

ttttt

TTTT

TTTT

TTTT

TTTT

u u u u u

u u u u u

u u u u u

u u u u u

U U U U

U U U U

U U U U

U U U U

v v v v v

v v v v v

v v v v v

v v v v v

V V V V

V V V V

V V V V

V V V V

w w w w w

w w w w w

w w w w w

w w w w w

W W W W

W W W W

W W W W

W W W W

x x x x x

x x x x x

x x x x x

x x x x x

X X X X X

X X X X X

X X X X X

X X X X X

y y y y y

y y y y y

y y y y y

y y y y y

Y Y Y Y

Y Y Y Y

Y Y Y Y

Y Y Y Y

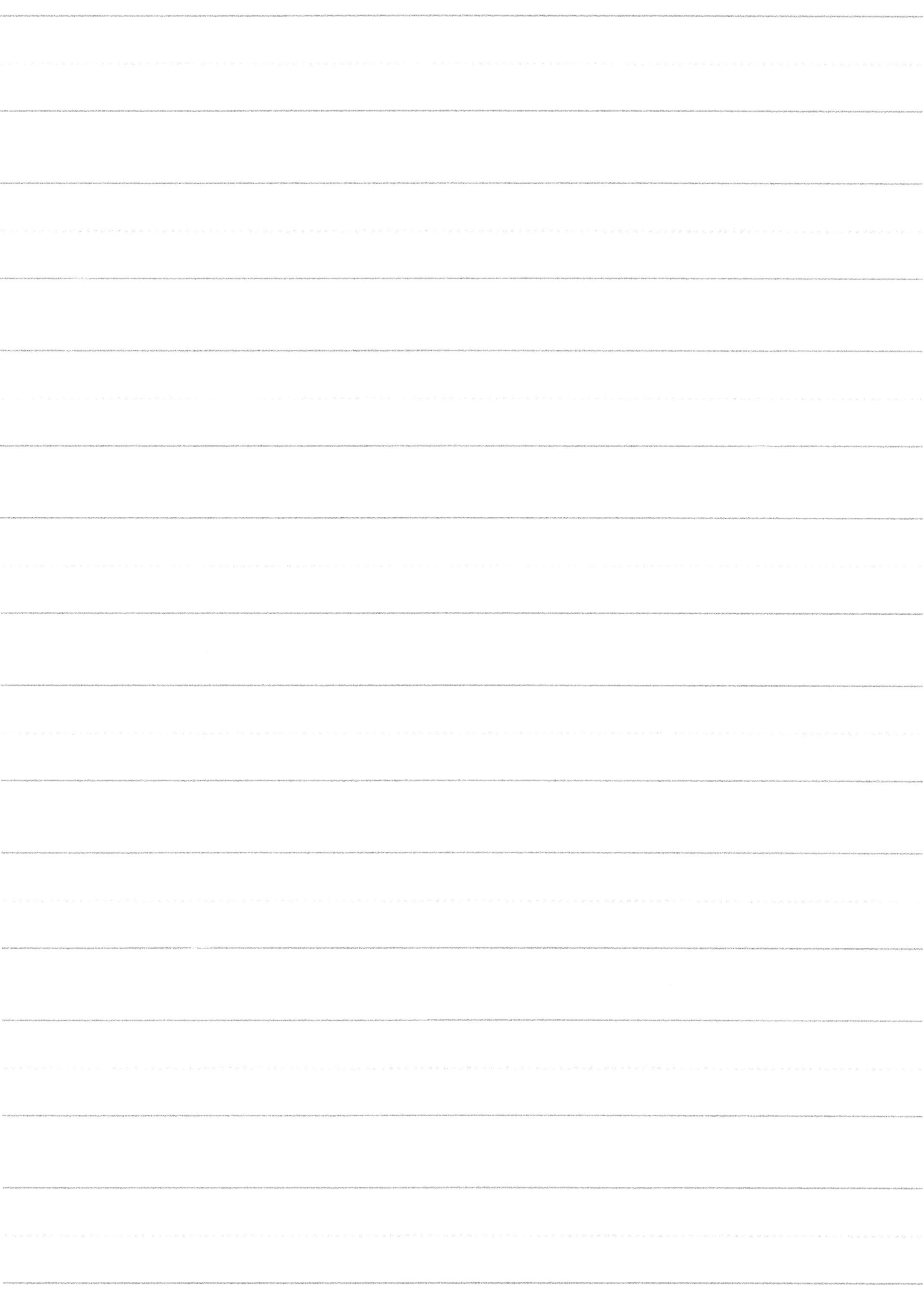

zzzzz

zzzzz

zzzzz

zzzzz

Z Z Z Z

Z Z Z Z

Z Z Z Z

Z Z Z Z

www.ingramcontent.com/pod-product-compliance
Ingram Content Group UK Ltd.
Pitfield, Milton Keynes, MK11 3LW, UK
UKHW061828190726
13853UKWH00009B/2502